LE PIANO

A DOUBLES CLAVIERS RENVERSÉS

DE MM. MANGEOT FRÈRES & CIE

Ses ressources au point de vue de la composition et de la virtuosité avec des exemples à l'appui

PAR JULES ZAREBSKI

PRIX : 1 FRANC.

LE PIANO

A DOUBLES CLAVIERS RENVERSÉS

DE MM. MANGEOT FRÈRES & CIE

Ses ressources au point de vue de la composition et de la virtuosité avec des exemples à l'appui

PAR JULES ZAREBSKI

PRIX : 1 FRANC.

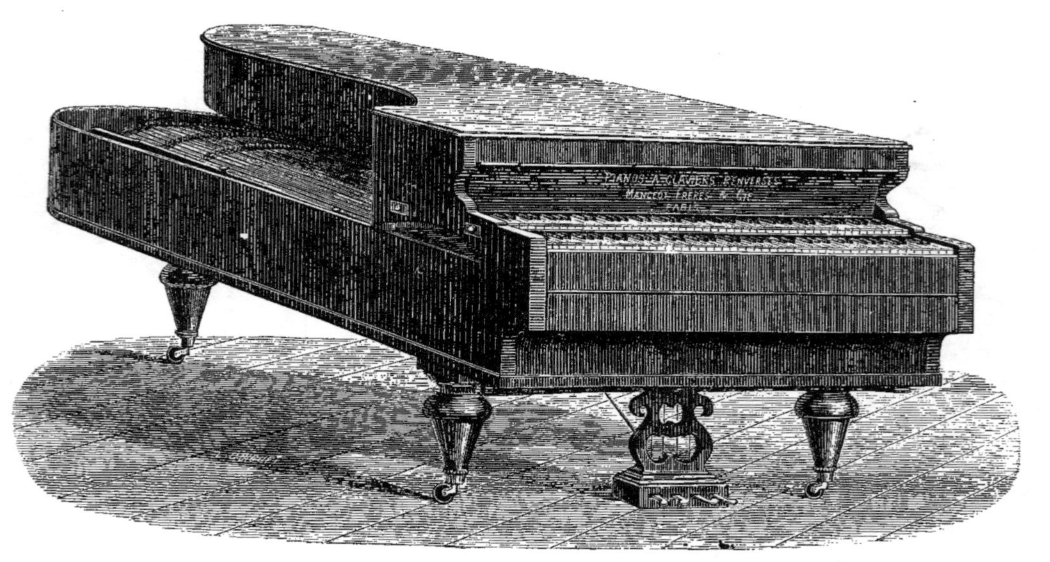
PIANOS A CLAVIERS RENVERSÉS
MANGEOT FRÈRES & Cie

I

Le 10 mai 1878, M. Oscar Comettant et MM. Mangeot frères et Ce, invitaient les membres de l'Institut de la section de musique, d'autres compositeurs célèbres, les notables professeurs du Conservatoire et d'autres professeurs autorisés; des pianistes virtuoses en renom, les principaux éditeurs de musique et facteurs de pianos, les critiques musicaux français et des correspondants de journaux étrangers, enfin des amateurs distingués amis de la musique et de ses progrès, à venir entendre chez eux, avenue de l'Opéra, 37, un piano nouveau, à *doubles claviers renversés*, de la fabrique de MM. Mangeot frères et Ce, pour lequel M. Édouard Mangeot a pris un brevet d'invention.

Voici le nom des principaux invités à cette audition qui, nous le croyons fermement, marque une date des plus mémorables dans l'histoire de la musique et l'art de jouer du piano.

Tous les invités de MM. Comettant et Mangeot n'ont pu se rendre à cette première audition, mais la plupart ont répondu un peu plus tard à l'appel qui leur avait été fait, dans d'autres auditions successives qui ont eu lieu avant que l'instrument eût été envoyé à l'Exposition.

Les vastes salons de l'avenue de l'Opéra se sont donc trouvés remplis à diverses reprises d'auditoires d'élite, véritables aréopages, dont la haute opinion et le jugement sûr devaient décider de l'avenir du nouvel instrument.

M. Ambroise Thomas, directeur du Conservatoire, membre de l'Institut. — M. Charles Gounod, membre de l'Institut. — M. Reber, membre de l'Institut. — M. Ernest Reyer, membre de l'Institut. — M. Victor Massé, membre de l'Institut. — M. Bazin, membre de l'Institut. — M. de Beauplan, sous-directeur des Beaux-Arts et du Conservatoire. — M. Gustave Chouquet, conservateur du Musée instrumental. — M. Marmontel, professeur au Conservatoire. — M. Le Couppey, professeur au Conservatoire. — M. Mathias, professeur au Conservatoire. — M. Delaborde, professeur au Conservatoire. — M. et Mme Massart, professeurs au Conservatoire. — M. Charles Blanc. — M. V. Alkan aîné. — M. Henri Herz. — M. Vervoitte. — M. Saint-Saens. — M. Deffés. — M. V. Joncières. — M. Massenet. — M. et Mme Szarvady. — M. Guiraud. — M. et Mme Jaëll. — M. Bourgault-Ducoudray. — M. Paul Bernard. — Mme Montigny. — M. T. d'Ernesti. — Mme Joséphine Martin. — M. Charles de Bériot. — M. Stephen Heller. — M. Joseph Batta. — M. de la Nux. — M. Bernardel. — M. Guillot de Sainbris. — M. Jules Cohen. — M. Le Bel. — M. Lhote. — M. Alphonse Duvernoy. — M. E. Gand. — M. Lecointe. — M. Prumier. — M. Jancourt. — M. Diémer. — M. D'Ingrande. — M. Léo Delibes. — M. Duvernoy. — M. Emile Durand. — M. Charles Delioux. — M. Victor Dolmetch. — M. Emile Artaud. — M. Fissot. — M. Henry Ketten. — M. Lavignac. — M. Lack. — M. Magnus — M. Antonin Marmontel. — M. Adolphe Nibelle. — M. Mathis Lussy. — M. Georges Pfeiffer. — M. Pessard. — M. Paladilhe. — M. Poisot. — M. et Mme Ravina. — M. A. Quidant. — Mlle Marie Renaud. — M. Hector Salomon. — M. Réty, secrétaire général du Conservatoire. — M. Vaucorbeil. — M. Thomé. — M. Wormser. — M. Widor. — M. Brisson. — M. Uzès. — M. Codine. — M. Danhauser. — M. Martucci. — Mlle Parent. — M. Deslandres. — M. Deldevez. — M. Louis Gallet. — M. Lamoureux. — M. Altès. — M. Usigliro. — M. Danbé. — M. Muziro. — M. D'Aubel. — M. Jourde, directeur du *Siècle*. — M. Cernuschi. — M. Louis Jourdan. — M. Gal, administrateur de *la Liberté*. — M. Edmond About, directeur du *XIXe Siècle*. — M. Détroyat, directeur de *l'Estafette*. — M. Emile de Girardin, directeur de *la France*. — M. Wuhrer, ancien directeur de *Paris-Journal*. — M. Filippo-Filippi. — M. Weber, du journal *le Temps*. — M. Auguste Vitu. — M. Jouvin. — M. Francisque Sarcey. — M. Paul de Saint-Victor. — M. Daniel Bernard. — M. Emile Blavet. — M. Mendel. — M. Oswald. — M. Bannelier. — M. Ernest Lavigne. — M. Pierre Véron. — M. Arthur Pougin. — M. L. Pillault. — M. H. de La Pommeraye. — M. Jules Claretie. — M. Armand Gouzien. — M. Jules Guillemot. — M. Gabriel Liquier. — M. Hostein. — M. Armand Silvestre. — M. Adolphe Jullien. — M. G. Bertrand. — M. Themines de Lauzières. — M. Léon Kerst. — M. H. Lavoix. — M. Simon Boubée. — M. Achille Denis. — M. Marie Escudier. — M. Félix Jahyer. — M. E. Stoullig. — M. de Verken. — M. E. Tassin. — M. Wolff, de la maison Pleyel, Wolff et Ce. — M. P. Schaeffer, de la maison Erard. — M. Cavaillé-Coll. — M. Blondel. — M. Schwander. — M. Ulmann. — MM. Heugel. — M. Lemoine. — M. Alphonse Leduc. — M. Brandus. — MM. Durand Schoenverck. — M. Léon Escudier. — M. Hartmann. — M. Grus.

A cette liste qui, nous en sommes sûr, est incomplète, venaient se joindre des amateurs de distinction ; nous n'en citerons que quelques-uns :

M. Jules Simon, sénateur, ancien Ministre de l'Instruction publique et des Beaux-Arts, ancien président du Conseil des Ministres. — M. Bardoux, ministre de l'Instruction publique. — M. Bernard, sénateur, maire de Nancy. — M. Varroy, sénateur. — M. Magnin, sénateur. — M. Berlet, député. — M. Duvaux, député. — M. Varanbon, député. — M. Dumas, membre de l'Institut. — M. le baron Taylor, membre de l'Institut. — M. Colmet-d'Aage. — M. Ch. de Bez.

Les cartes d'invitation pour la première audition du piano à deux claviers renversés portaient le programme suivant :

PROGRAMME

1. Explications présentées par M. OSCAR COMETTANT sur les ressources considérables et les principes entièrement nouveaux de ce piano, breveté, et qui doit figurer à l'Exposition.

2. *Grande Fantaisie Symphonique originale* expressément composée pour les *Deux claviers renversés*. . . . . J. ZAREBSKI.
   Exécutée par l'AUTEUR.

3. *Danse des Sylphes* . . . . BERLIOZ.
   Transcrite pour les *Deux Claviers renversés* et exécutée par M. JULES ZAREBSKI.

4. *Ouverture d'Obéron* . . . . WEBER,
   Transcrite pour les *Deux Claviers renversés* et exécutée par M. JULES ZAREBSKI.

II

Nous ne saurions mieux faire dans cette notice qui a pour objet de présenter au lecteur le piano à *doubles claviers renversés* et de donner un aperçu des immenses ressources qu'il offre aux compositeurs et aux virtuoses, que de reproduire les explications fournies par M. Oscar Comettant. Nous le faisons malgré quelques expressions un peu trop louangeuses pour celui qui écrit ces lignes.

Messieurs,

Ce n'est point une conférence que j'ai à faire sur le piano, sur son origine, ses développements, ses transformations et ses derniers perfectionnements en France et à l'étranger. Encore moins voudrais-je ici chercher à apprécier les qualités qui distinguent les instruments de la manufacture de mes amis MM. Edouard et Alfred Mangeot. Deux pianos à queue et deux pianos droits franco-américains sont à l'Exposition et je laisse à qui de droit le soin de les juger.

Je demande simplement la permission de vous entretenir quelques instants du piano à doubles claviers renversés, dont vous comprendrez mieux les effets quand vous aurez pu en apprécier les causes.

L'idée du renversement d'un clavier superposé au clavier ordinaire, aussi rapprochés que possible l'un de l'autre et agissant sur deux instruments complets l'un et l'autre et absolument indépendants, cette idée est venue aux inventeurs par suite de considérations qui tiennent à la fois à la structure de nos mains par rapport au clavier et à l'esthétique de l'art.

Je veux être bref, et négligeant les points secondaires nombreux qui se présentent à l'esprit quand on a pu se rendre un compte exact des ressources, pour ainsi dire infinies, qu'offrent aux pianistes les doubles claviers renversés, je ne toucherai qu'à certains côtés principaux de cette vaste question.

Pour démontrer l'insuffisance d'un seul clavier, et par suite les difficultés de jouer du piano en virtuose, il suffit de jeter un simple coup d'œil sur nos mains et sur le clavier.

Nos mains ont été faites par la nature sur deux plans opposés l'un à l'autre ; le clavier est construit sur un seul et même plan.

En allant de gauche à droite, le premier doigt de la main gauche est le petit doigt, et le dernier le pouce. Le premier doigt de la main droite est, au contraire, le pouce, et le dernier le petit doigt.

Cette disposition contraire des doigts des deux mains, leur différente grandeur, la force et la légèreté propres à chacun d'eux, leurs différents écartements, tout en un mot démontre au premier abord que le doigté d'un trait, d'une gamme, d'une succession de notes quelconque doit changer suivant qu'on l'exécute par la main gauche ou par la main droite.

Et c'est en effet ce qui arrive.

Eh bien, cette différence de doigté pour tout ce que les deux mains ont à exécuter d'identique sur un seul clavier, est une des grandes dificultés du mécanisme, par conséquent un des inconvénients notables de jouer avec les deux mains opposées l'une à l'autre sur un clavier d'un seul et même plan.

Mais un clavier uniforme pour les deux mains a bien d'autres inconvénients que la dissemblance du doigté.

Sur un seul clavier les mains sont en quelque sorte parquées dans un département de l'échelle des sons, d'où elles ne peuvent sortir qu'accidentellement par le moyen du croisement des bras, opération fort incommode et peu sûre. La main gauche doit se mouvoir exclusivement dans les octaves inférieures, tandis que la main droite s'agite dans les régions supérieures. Chaque main a sa spécialité, son domaine privé et quand l'une parcourt la propriété de l'autre, c'est un peu à la manière de deux châtelains qui se font des visites de cérémonie.

Non-seulement avec un seul clavier chacune des mains ne peut se mouvoir que dans le cercle circonscrit d'une moitié de l'échelle des sept octaves, mais par la nature même des degrés de l'échelle, chacune des mains est condamnée à jouer un rôle musical spécial. La main gauche joue le rôle des instruments graves de l'orchestre et la main droite celui des instruments élevés. La main gauche c'est la contrebasse, le violoncelle, l'alto, le basson, la clarinette dans le chalumeau, le trombone et les cors; la main droite c'est le violon, le hautbois, les deux tiers de la clarinette dans l'échelle haute, la flûte et la petite flûte.

Cette obligation pour la main gauche d'exécuter, suivant un doigté qui lui est spécial, les parties graves de la musique, — accords, arpéges, accompagnements de tous genres, — donne à cette main, malgré tous les exercices d'agilité auxquels on peut la soumettre, une lourdeur relative et une disposition particulière en opposition avec la main droite, brillante, agile, chantante et sûre d'elle-même, dans les traits rapides, soit en notes simples, soit en tierce, en sixtes ou en octaves.

Ainsi donc et pour me résumer les inconvénients d'un seul clavier sont ceux-ci :

1° Obligation d'un doigté spécial pour chaque main quand il s'agit d'exécuter une même suite de notes;

2° Limitation à la moitié de l'échelle des sept octaves pour chaque main;

3° Spécialisation de chaque main condamnée, l'une à l'accompagnement, l'autre au chant et aux traits particuliers aux octaves supérieures.

Avec les doubles claviers renversés, tous ces inconvénients disparaissent; c'est l'émancipation des deux mains et l'agrandissement de leur domaine musical.

En effet, si l'on se représente au-dessus du clavier ordinaire allant du grave à l'aigu en partant du côté gauche, un autre clavier très-rapproché de celui-là allant de l'aigu au grave en commençant aussi par la gauche, le doigté pour les deux mains devient uniforme, aucun rôle spécial n'est plus assigné à chacune des deux mains et l'on a, ouvert devant soi, le plus large champ harmonique qu'ait jamais pu concevoir l'imagination d'un pianiste tel que Liszt qui disait dernièrement à M. Zarebski son élève et son ami : — « Tout ce que l'on peut faire sur un seul clavier a été fait, et l'avenir est à un piano qui, sans sortir du caractère de l'instrument, offrira de nouvelles ressources. »

Chaque main, grâce à la disposition des deux claviers renversés tels que nous venons de le décrire, se trouve en possession, sans aucune gène, de sept octaves pleines. Plus de contorsions du corps ni de mouvements disgracieux des bras. Les notes les plus basses comme les plus aiguës, les traits les plus rapides aux octaves supérieures comme les arpéges et les notes tenues aux octaves inférieures se trouvent sous les doigts de chacune des deux mains qui les exécute avec le même doigté, par conséquent avec une égale facilité.

Voilà certes des avantages nouveaux et facilement appréciables; mais la combinaison de deux claviers renversés en offre bien d'autres encore. Par exemple, chaque clavier faisant résonner les cordes d'un piano entièrement indépendant de l'autre, armé comme tous les pianos de deux pédales, on comprend aisément ce qui doit résulter de puissance et surtout de pureté dans l'harmonie. Cette puissance et cette pureté équivalent à celle de deux pianos à queue ordinaires à un clavier, joués par deux pianistes mus par un même sentiment et dont l'exécution serait, sous le rapport de l'ensemble, d'une perfection pour ainsi dire idéale.

La même puissance et la même pureté existent quand il s'agit de tenues sur des broderies légères, d'opposition de timbre par l'emploi des pédales et de perspective musicale, l'oreille percevant très-bien le son de chacun de ces pianos qui n'en forment qu'un.

Enfin, malgré sa complication apparente, le piano à doubles claviers renversés est beaucoup plus facile à jouer que le piano à clavier simple. Certains passages des plus difficiles sur un seul clavier deviennent accessibles aux pianistes de moyenne force sur les deux claviers. En un mot, avec le même degré de mécanisme acquis, on exécute aisément sur le piano à doubles claviers des traits, des passages, des réductions d'orchestre qui seraient impossibles sur un seul clavier. Un jour viendra, nous le croyons fermement, où le piano à un seul clavier n'apparaîtra que comme un demi-piano et disparaîtra tout à fait.

Jusqu'ici, nous n'avons étudié que la combinaison des deux claviers, combinaison qui dédouble les ressources de l'exécutant et lui permet les transcriptions de l'orchestre le plus compliqué. Je passe au clavier supérieur considéré isolément, c'est-à-dire au clavier renversé, — renversé par rapport à l'autre, à celui dont on s'est servi exclusivement jusqu'ici.

Il est incontestable que les idées en musique se conforment à l'instrument pour lequel on écrit, à la nature de son timbre, à son étendue, à son génie.

Pour ne parler que des instruments à clavier, il est de toute évidence que la pensée des compositeurs qui ont écrit pour ces instruments, orgue ou piano, s'est modifiée avec les perfectionnements apportés par les facteurs. Il ne serait jamais venu à l'esprit de Liszt d'écrire ses concertos et ses grandes fantaisies de bravoure pour la virginale, l'épinette, le clavecin et même pour les premiers forte-piano. Encore moins, peut-être, Thalberg aurait-il imaginé d'ornementer par de longs arpéges et des traits en octaves, des thèmes à notes tenues sur l'épinette ou le clavecin qui ne pouvaient soutenir aucun son. Il est incontestable aussi que les différentes modalités en usage chez les peuples anciens, chez les Grecs, par exemple, ont agi directement sur la sensibilité et l'imagination des compositeurs de ces époques lointaines, qui ne pouvaient parler la même langue musicale que nous, ayant un vocabulaire différent.

La formation de la gamme dans laquelle on pense en musique, si elle ne donne aucune idée à ceux qui ne sont pas créés pour avoir des idées, commande impérieusement aux idées des hommes d'imagination. Les idées sont toujours éveillées avec les moyens de les exprimer et trouver de nouveaux moyens d'expression, c'est ouvrir à la pensée de nouveaux horizons. Cette vérité ne s'applique pas seulement à la musique, elle s'applique aussi aux différents idiomes qui s'imposent aux poètes et dirigent leurs inspirations.

Il n'est pas téméraire de penser que la disposition d'un clavier renversé suscitera toute une série de nouveaux traits, de nouvelles harmonies, de nouveaux modes d'accompagnement et même de nouveaux chants. Pour s'en convaincre il suffit de placer les deux mains sur ce clavier et d'y préluder. Que d'enchaînements harmoniques auxquels on n'aurait pas songé qui se révèlent spontanément, quelquefois bizarres il est vrai, barbares, impossibles même, d'autrefois d'une saveur singulière et d'une nouveauté saisissante quoique très-acceptable. Ce qui peut résulter du renversement pur et simple de certains morceaux entendus d'abord sur un clavier et reportés sur l'autre clavier comme si tous les deux fussent pareils, est impossible à prévoir et dans certains cas constitue de précieuses trouvailles.

Toutes les notes se trouvent ainsi renversées dans une tonalité différente, par intervalles dissemblables, les accompagnements de basse portés à l'aigu, les chants de l'aigu à la basse, les accords s'enchaînant dans un ordre qui n'est pas celui qu'on a prévu et qui ne serait pas venu à l'esprit, enfin les modulations de majeur en mineur devenant de mineur en majeur, *et vice versâ*.

Il y a là, pour une imagination féconde et vive tout un nouveau monde d'harmonie et d'effets à conquérir, et pour les savants un vaste champ d'observations du plus grand intérêt. Et quand les morceaux à renverser ainsi seront combinés par un puissant cerveau, quelles saisissantes nouveautés apparaîtront à l'oreille étonnée et charmée !

Mais il me faut abréger ces explications succinctes et pourtant déjà longues.

Je suis heureux, en terminant, de rendre hommage au superbe talent de M. Zarebski. Il y a deux mois à peine que cet habile virtuose travaille le piano à doubles claviers. Aucune méthode, aucun guide, rien absolument n'existait pour faciliter les premières études de cet instrument. Avec une patience qui puisait sa force dans la foi qu'il avait en l'excellence de la combinaison des deux claviers et les ressources immenses qu'on en pouvait tirer, il s'est familiarisé peu à peu avec le second clavier, et s'est lancé hardiment dans ce champ sonore et riche de quatorze octaves, comme sur un vaste échiquier ouvert à toutes les fantaisies de la science et de l'imagination.

M. Zarebski, outre plusieurs arrangements de morceaux de maître, a composé pour le piano double une grande fantaisie symphonique d'un effet saisissant et d'une noble et poétique conception musicale.

Vous savez, Messieurs, à quels essais, à quels tâtonnements entraîne la forme définitive d'un objet nouveau.

Le piano que va jouer M. Zarebski est le premier modèle qui soit sorti des ateliers de MM. Mangeot ; c'est assez dire qu'il est susceptible de perfectionnements. Déjà une forme est trouvée plus harmonieuse à l'œil et d'un transport plus facile.

Messieurs, je crois très-fermement que ce jour est un jour qui comptera dans l'histoire du piano, et je vous remercie d'avoir bien voulu répondre à notre invitation.

Puisque je viens de parler d'histoire, si je ne me fais pas illusion et si le piano à doubles claviers renversés doit enrichir le domaine de l'art, il est juste de dire que l'idée de cet instrument nous a été suggérée, à M. Mangeot et à moi, par M. Joseph Wieniawski.

Ce pianiste distingué nous ayant parlé des rapports harmoniques qui résulteraient de la disposition d'un seul clavier renversé, la pensée d'un *double* piano à claviers renversés qui offrirait avec les combinaisons de l'ordre harmonique entrevues par M. Joseph Wieniawski, une foule d'autres combinaisons encore, nous est venue, et c'est à M. Mangeot qu'appartient l'honneur de l'avoir réalisée supérieurement.

Personne jamais ne fut seul inventeur de quoi que ce soit, et l'honneur de ceux qui parviennent à réaliser une idée est de nommer, quand ils les connaissent, leurs collaborateurs. C'est ce que j'ai cru devoir faire, certain d'être approuvé en cela par MM. Edouard et Alfred Mangeot.

Et maintenant la parole est au piano à doubles claviers renversés, par les doigts savants et inspirés de M. Zarebski.

Oscar COMETTANT.

III

Le succès du piano à deux claviers renversés fut à cette première séance ce qu'il fut à la seconde, ce qu'il fut à toutes celles qui suivirent dans la galerie des intruments français à l'Exposition, c'est-à-dire très-vif, — plus encore, — enthousiaste, par conséquent tout à fait décisif.

Liszt, ce virtuose incomparable, ce grand génie musical dont nous avons l'honneur d'être l'élève, dont les conseils sont notre force et qui nous a guidé au début de notre carrière avec une affection paternelle dont notre âme est remplie, Liszt a voulu voir le nouveau piano et nous l'entendre jouer.

Les ressources nouvelles et pour ainsi dire inépuisables que présentent les deux claviers en sens inverse, ne pouvaient laisser froid une si haute intelligence, un amant si sincère et si passionné de l'art, en un mot un esprit aussi ouvert à tous les véritables progrès.

Liszt s'est donc déclaré très-sincèrement partisan de l'invention de MM. Mangeot, et il en a prédit le succès universel à courte échéance, lorsqu'avec sa grande bonté habituelle il m'a dit :

« Vous ferez le tour du monde avec le piano à doubles claviers renversés. »

Je désire que cette prophétie s'accomplisse moins encore dans un but d'ambition personnel, que dans l'intérêt d'un art auquel j'ai consacré ma vie.

J'ai été, m'a-t-on dit, un des premiers à entrevoir les richesses du nouveau piano, et, par suite, j'ai eu chez moi, pendant deux mois, le premier spécimen de cet instrument et le seul qui existe encore au moment où j'écris ces lignes. Après les inventeurs qui l'ont imaginé et l'ont fabriqué, je me crois un peu le père de cet instrument, ayant été le premier à le travailler et à le faire entendre.

J'en suis heureux, je ne le cache point. Qu'on me pardonne ce sentiment qui n'est pas de la vanité, qui n'est qu'un sentiment de jouissance artistique quasi-impersonnel, la douce et suave satisfaction d'avoir, le premier, pu tracer une route à travers un monde encore inconnu.

Qu'on veuille bien surtout ne voir rien autre chose dans les citations qui vont suivre, — malgré ce qu'elles peuvent renfermer parfois de trop flatteur pour moi, — que le désir de continuer par un écrit rendu nécessaire, la propagande que j'ai entreprise comme virtuose et compositeur du piano à *doubles claviers renversés.*

IV

Le critique autorisé du journal *La Patrie*, M. de Thémines, a rendu compte en ces termes de la première audition du nouveau piano.

« J'aurai, tout d'abord, à vous entretenir d'une vraie nouveauté, d'une invention, plutôt, invention qui amènera une révolution dans l'art du piano. Jugez !

Pas plus tard qu'hier, notre confrère M. Oscar Comettant et MM. Mangeot frères nous conviaient à une audition de musique exécutée sur un nouveau piano qui devra figurer à l'Exposition ; un piano à doubles claviers « renversés ». Imaginez-vous deux pianos à queue, superposés. Les deux claviers sont parallèles et étagés, l'un deux centimètres plus haut que l'autre. — Si rapide, si exercée que soit la main du pianiste, cette main doit toujours passer avec une célérité prodigieuse d'un clavier à l'autre. Dès à présent, le regard peut à peine la suivre.

Ces deux claviers sont *renversés*, c'est-à-dire que l'un des deux, celui du premier étage, si je puis me servir de cette locution, est un clavier ordinaire; comme dans tous les pianos. L'autre, placé tant soit peu plus haut et tant soit peu plus en arrière, est renversé ; en ce sens que les notes hautes sont à gauche du pianiste, les graves à droite. La corde la plus aiguë est à l'extrême gauche, la plus basse à l'extrême droite. Dès lors, plus d'écart difficile ou impossible. Les deux mains de l'exécutant volent de l'un à l'autre clavier et l'une comme l'autre, la gauche comme la droite, peut effleurer ou presser les touches graves et aiguës presque simultanément, tandis que sur les pianos ordinaires chaque main ne dispose que de la moitié à peu près du clavier, à moins de croiser les deux mains, pour que celle du registre haut aille chercher les notes basses, *et vice versâ*.

Ces explications, même résumées, seraient trop longues si je voulais les répéter ici. Je craindrais, d'ailleurs, de ne pas les donner avec la même netteté qu'elles sont dans le texte. Et ce texte, je ne l'ai pas sous les yeux. Très probablement M. Comettant le publiera, et s'il y a lieu à y revenir, j'y reviendrai.

Après la lecture, M. J. Zarebski, qui ne s'est exercé sur ce nouveau piano que pendant deux mois seulement — m'a-t-on assuré — a exécuté trois magnifiques pages musicales d'une difficulté immense et d'un brillant admirable. Ç'a a été d'abord une grande fantaisie symphonique originale expressément composée par lui pour les deux claviers renversés ; ensuite la *Danse des sylphes*, de Berlioz, transcrite par M. Zarebski aussi ; enfin — ce qui nous a encore plus émerveillés, — l'ouverture d'*Obéron*, de Weber, également transcrite par le même pianiste-compositeur.

J'ignore ce que vont désormais devenir les transcriptions à quatre mains ou à deux pianos, mais je sais qu'en fermant les yeux ou en ne regardant pas le virtuose, on croirait entendre deux pianos — ou deux pianistes jouant sur le même instrument. Et je reste en deçà de la vérité ; j'aurais dû mettre le double... au moins !

Jugez des ressources considérables que présente ce double piano, ou, si vous aimez mieux, ce piano « à deux claviers renversés ». C'est ce que M. Oscar Comettant a fait valoir dans des explications très-claires dont il a fait précéder la séance musicale.

Mais, objectera-t-on, c'est une éducation musicale entièrement à refaire. Autant nous montrer — pour essayer d'une comparaison un peu forcée — une personne écrivant de la main gauche aussi bien, aussi vite et aussi facilement que de la droite ; pour habituer cette pauvre main gauche (si bien nommée !) à être aussi habile que la droite à écrire, il faudra du temps ! Eh ! non, paraît-il, puisque, je le répète, M. Zarebski, qui ne se doutait pas, il y a deux mois, qu'on inventerait un piano à double clavier, y exécute des morceaux très-difficiles, très-compliqués, avec une adresse, une facilité, une perfection à faire supposer qu'il n'a jamais joué sur d'autres pianos que sur celui aux deux claviers renversés.

Il y avait là toute la pléiade des pianistes, depuis les plus anciens, tels que Henri Herz, Marmontel, Kontski, jusqu'aux plus jeunes, tels que l'italien Martucci ; une foule de professeurs du Conservatoire ; M. Reber, membre de l'Institut et d'autres compositeurs ; il y avait là des critiques d'art, — pas tous, et ceux qui n'y étaient pas ont eu tort, — des directeurs de grands journaux, M. Détroyat, par exemple, qui est lui-même musicien ; sans compter plusieurs éditeurs de musique et des correspondants de journaux étrangers. Et tous ont été étonnés des ressources nouvelles offertes par ce piano aux claviers-*siamois*, par ce piano *Millie-Christine*. Mais ne préjugeons rien. L'avenir nous dira s'il est destiné à remplacer le piano ordinaire, ou s'il doit rester à l'état de curiosité, de phénomène. »

Nos lecteurs auront comme nous avons eu, sans doute, grand plaisir à lire l'article si substantiel de M. Weber, le savant critique du journal *Le Temps*.

« En attendant le compte rendu de l'Exposition universelle, je parlerai d'un instrument qui ne s'y trouve pas encore, mais qui y sera transporté après qu'on l'aura soumis à l'appréciation de Liszt : c'est le piano à double clavier inverse, ou comme l'appellent MM. Mangeot frères, à doubles claviers renversés. J'ai dit du phonographe que l'idée en est tellement simple qu'on peut s'étonner qu'elle n'ait pas surgi plus tôt, j'en dirai autant de l'invention de MM. Mangeot.

Pour comprendre la disposition du nouvel instrument, supposons un piano à deux claviers placés l'un derrière l'autre et un peu plus haut comme les claviers de l'orgue. Chaque clavier répond à un système de cordes complet de sept octaves, et a ses pédales propres, de manière que l'instrument contient, en réalité, deux pianos dans une seule et même caisse.

Voici maintenant la disposition caractéristique des claviers et des systèmes de cordes qui leur correspondent : sur le clavier inférieur du premier clavier, les sons se suivent du grave à l'aigu, en allant de gauche à droite, comme sur un piano ordinaire; sur le second clavier ou clavier supérieur, les sons se suivent du grave à l'aigu en allant de droite à gauche, par conséquent dans un ordre inverse au premier clavier. Il en résulte que, sur le clavier supérieur, la main gauche joue absolument le même rôle que la main droite sur le clavier inférieur, tandis que la main droite prend, sur le clavier supérieur le rôle de la main gauche sur le clavier inférieur.

Essayons de faire comprendre les avantages de cette disposition nouvelle. On remarquera d'abord que les deux mains humaines sont disposées elles-mêmes en sens inverse, ce qui exige un doigté spécial à chaque main pour un même passage, traits, arpèges, batteries ou quel qu'il soit. Mais je n'insiste pas sur cette considération, car, pour tirer parti de toutes les ressources du nouvel instrument, il faut que les deux mains puissent intervertir à volonté leur rôle.

Sur le piano ordinaire, la main gauche se meut le plus souvent dans une région qu'il ne lui est pas possible de dépasser à l'aigu ; il en est de même pour la main droite par rapport aux sons les plus graves. Ordinairement la main gauche est chargée de ce qu'on appelle l'accompagnement, tandis que la main droite a la mélodie et les traits les plus brillants. Certains passages exigent pour une même main des sauts brusques, d'autres demandent des croisements de mains qui ne sont pas toujours aisés et qui, en tout cas, ne peuvent donner qu'un nombre très-limité d'effets.

On imaginera facilement aussi des passages impossibles ou très-gênants, par suite de la difficulté des mains à se mouvoir avec aisance toutes les deux à la fois dans une même région. Enfin la pédale qui lève les étouffoirs est fort utile pour les batteries et autres arpéges, mais si les accords brisés sont réservés à l'une des mains tandis que l'autre doit jouer la mélodie ou faire des traits diatoniques ou chromatiques, il en résulte plus ou moins de confusion, puisque la pédale lève tous les étouffoirs en même temps.

Considérons maintenant le piano à double clavier inverse, et supposons les deux claviers partagés par moitié : chaque main aura à sa disposition toute la série des sons du piano sans dépasser le milieu du clavier, mais rien absolument ne la force à se maintenir dans cette limite. Une foule de passages deviendront donc plus faciles qu'avec un seul clavier. En se secondant mutuellement ou en échangeant plus ou moins momentanément leurs rôles, les deux mains pourront rendre aisément des effets très-difficiles sur le piano ordinaire, ou en obtenir qui y sont impossibles.

Tout pianiste, avec un peu de réflexion, comprendra les ressources nouvelles de l'instrument. Il est évident qu'en écrivant pour le piano, les compositeurs ont dû se conformer aux exigences résultant de la construction de l'instrument et de la conformation des mains; avec le double clavier inverse, ces exigences sont considérablement amoindries.

L'emploi du piano à double clavier inverse exige un bon mécanisme et d'assez bonnes connaissances musicales; mais on pourrait fort bien commencer l'étude de l'instrument par le double clavier ; les mains s'habitueraient ainsi dès l'abord à jouer un double rôle, ce qui serait même profitable pour le mécanisme.

Sans doute le piano simple continuera à subsister, ne fût-ce que par des raisons d'économie : mais le piano à double clavier inverse ne tardera pas longtemps à devenir le véritable piano de concert ; on en placera aussi dans tous les salons d'un peu d'importance, comme on y met maintenant des pianos simples à queue.

Au reste tout pianiste habile se familiarisera en peu de temps avec le double clavier inverse.

M. Zarebski, un virtuose de premier ordre, joue de l'instrument en maître, après s'être exercé pendant deux mois. Pour montrer les riches ressources de ce piano, il a composé une grande fantaisie et arrangé l'ouverture d'*Obéron*. On croirait souvent entendre deux pianos joués par deux exécutants : quiconque sait quelle est la pauvreté des ressources du piano simple pour les arrangements, sera étonné et ravi de l'effet produit par l'ouverture de Weber sur le piano à double clavier inverse.

Pour rendre justice à chacun, il faut dire que l'idée de ce piano a été suggérée à MM. Mangeot par M. Joseph Wieniawski, moins connu à Paris que son frère, le violoniste. L'instrument qui se trouve dans les salons de M. Oscar Comettant est le seul jusqu'à présent. Mais MM. Mangeot vont en construire d'autres d'une forme plus harmonieuse à l'œil et d'un transport plus facile.

M. Ernest Reyer, membre de l'Institut, savant critique d'art, l'auteur inspiré de la *Statue*, apprécie de la manière suivante le piano à doubles claviers renversés dans sa revue musicale du *Journal des Débats* :

« Il était facile de prévoir qu'un jour viendrait où le piano à un seul clavier ne suffirait plus à la virtuosité des pianistes. Ce jour est enfin venu. MM. Oscar Comettant et les frères Mangeot, facteurs des pianos franco-américains, sont les inventeurs d'un nouvel instrument qu'ils appellent *piano à doubles claviers renversés*, et qui laisse à chaque main une complète indépendance, une entière liberté. Vous verrez qu'on en abusera. Ces messieurs, assistés du pianiste polonais Zarebski, lequel, après deux mois d'études, s'est trouvé en état de mettre en relief les avantages de l'instrument perfectionné, ont convié par deux fois un jury composé d'artistes et de critiques, dans les salons de l'Institut musical de la rue Neuve-des-Petits-Champs, à des expériences qui n'ont pas besoin d'être renouvelées. « Ce n'est pas un progrès, a dit M. Gounod, c'est une révolution. »

Voici en quoi consiste le mécanisme de l'instrument nouveau : au dessus du clavier ordinaire allant du grave à l'aigu, en partant du côté gauche, est placé un autre clavier très-rapproché de celui-là, allant de l'aigu au grave en commençant aussi par la gauche. Le doigté pour les deux mains devient donc uniforme, et chaque main se trouve en possession de sept octaves pleines. De plus, chaque clavier faisant résonner les cordes d'un piano entièrement indépendant de l'autre, armé comme tous les pianos de deux pédales, il peut en résulter dans certains traits exécutés à l'unisson par les deux mains, une puissance de sonorité double de celle qui serait obtenue sur un piano ordinaire. « Plus de contorsions du corps ni de mouvements disgracieux des bras, nous dit M. Comettant qui s'est fait tout naturellement l'apologiste de l'invention à laquelle il a attaché son nom ; les notes les plus basses comme les plus aiguës, les traits les plus rapides aux octaves supérieures, comme les arpéges et les notes tenues aux octaves inférieures, se trouvent sous les doigts de chacune des deux mains qui les exécute avec le même doigté, par conséquent avec une égale facilité. »

Les pianistes maintenant vont se mettre à l'œuvre, se piquer d'une noble émulation, et la palme sera à celui qui trouvera sur le piano « à doubles claviers renversés » les effets les plus *renversants*. Qui donc osera soutenir alors que le piano n'est qu'un clavecin dégénéré ?

M. Léon Pillaut s'exprime comme il suit dans le *Bulletin français*, journal officiel du soir :

« La nouveauté la plus hardie en matière de facture instrumentale, c'est certainement le piano à double clavier renversé de M. Mangeot. Cet instrument n'est pas encore placé parmi ceux que M. Mangeot a exposés, mais nous avons été conviés à l'entendre, et il nous paraît impossible de passer sous silence une combinaison aussi singulière.

Qu'on s'imagine deux pianos à queue posés l'un sur l'autre, de façon à ce que les deux claviers se trouvent immédiatement superposés comme les claviers de l'orgue. Jusque-là cette disposition n'aurait pour avantage que de mettre à la portée des deux mains de l'exécutant deux pianos séparés et complets. Mais ce qui fait l'originalité du piano de M. Mangeot, c'est que le clavier supérieur a les sons graves à la main droite et les sons aigus à la main gauche. *La série des sons est renversée.* Au lieu d'aller du grave à l'aigu de gauche à droite, comme on l'a toujours pratiqué depuis qu'il y a des instruments à clavier, elle va de droite à gauche en descendant.

Ce que peut produire l'accouplement de ces deux claviers inverses est, pour le moment, difficile à définir. Il est certain que l'art du pianiste en sera fortement influencé.

Jusqu'à présent, un seul artiste s'est adonné à l'étude des claviers renversés : c'est M. Zarebski, ami et élève de Liszt, qui obtient de cet instrument des effets surprenants. Quand on entend ainsi toucher le piano à deux claviers sans le voir, il semble d'abord qu'on perçoive les sons d'un duo de pianos. Puis la précision de certains traits à l'unisson oblige à reconnaître qu'il n'y a qu'un seul exécutant qui puisse les jouer ainsi; enfin, on cesse de se rendre compte de la possibilité des dessins rapides de la main gauche, et ce n'est qu'en regardant l'instrument qu'on comprend comment peuvent se produire toutes ces nouveautés. Les difficultés spéciales de la main gauche n'existent plus, puisqu'on peut les exécuter avec la main droite sur le clavier supérieur.

Les limites d'une virtuosité brillante et puissante, qu'on croyait atteintes, se trouvent encore reculées.

Il est aussi très-certain que le clavier renversé donnera lieu à quelques trouvailles harmoniques.

Quand on lit un morceau de musique ordinaire et qu'on le joue sur le clavier renversé, il se produit des combinaisons très-inattendues dont quelques-unes sont curieuses. Les intervalles des accords ne se trouvent pas *renversés* comme on pourrait le croire, mais *transportés* de la façon suivante :

Lorsque deux gammes chromatiques se meuvent en sens inverse, elles se rencontrent en leur milieu, à l'unisson sur une note. C'est de chaque côté de ce milieu et symétriquement qu'a lieu la transposition. Sur le piano de M. Mangeot la rencontre a lieu, autant qu'il nous souvient, sur le *ré,* qui est au milieu du piano.

Quand on lit et qu'on joue un morceau de musique sur le clavier renversé, toutes les notes de la clef de *sol* qui sont au-dessus de ce *ré* font entendre des sons graves qui sont échelonnés symétriquement au-dessous, à la même distance du *ré* du côté grave qu'ils étaient du côté aigu, la note la plus haute de la clef de *sol* correspondant à la note la plus basse de la clef de *fa*.

C'est ainsi que l'accord *sol, si, ré,* écrit dans les portées de la clef de *sol,* fait entendre l'accord mineur *ré, fa, la,* qui s'écrit dans les portées de la clef de *fa.*

C'est comme si on repliait la moitié du clavier sur l'autre. Malgré les étrangetés harmoniques qui résultent de cette transposition, c'est moins dans le langage musical que dans la virtuosité de l'exécution, que le piano à claviers inverses est destiné à faire découvrir beaucoup de nouveautés. C'est d'ailleurs seulement dans quelques années qu'on pourra apprécier quels changements il aura apportés dans l'art musical. »

L'auteur de *Dimitri*, le critique éminent, M. Victorin Joncières, s'exprime en ces termes dans le journal *La Liberté :*

« Une séance des plus intéressantes a eu lieu cette semaine chez notre confrère Oscar Comettant. Il s'agissait d'une invention nouvelle, capable d'amener une révolution dans la fabrication du piano et le mécanisme de cet instrument.

Cette invention, due à MM. Mangeot frères, consiste dans la superposition de deux pianos à queue, que font parler deux claviers parallèles, dont l'un se trouve être renversé, c'est-à-dire que les notes graves sont à la droite de l'exécutant et les notes aiguës à sa gauche. De la sorte la main gauche a le même doigté que la main droite. Cette disposition permet au pianiste des combinaisons absolument impossibles sur le piano ordinaire, et par suite ouvre un champ complétement inexploré à l'art du virtuose.

M. Comettant a expliqué avec une clarté remarquable l'invention curieuse de MM. Mangeot, et a fait habilement ressortir l'importance de cette découverte, qui fournit des ressources considérables aux pianistes.

« Il y a là, a-t-il dit fort justement, pour une imagination féconde et vive, tout un nouveau monde d'harmonie et d'effets à conquérir, et pour les savants un vaste champ d'observations du plus grand intérêt. Et quand les morceaux à renverser ainsi seront combinés par un puissant cerveau, quelles saisissantes nouveautés apparaîtront à l'oreille étonnée et charmée ? »

M. Comettant a ajouté que l'idée première du nouvel instrument avait été suggérée à MM. Mangeot et à lui par M. Joseph Wieniawski.

Ce pianiste distingué, ayant un jour parlé à ces messieurs des rapports harmoniques qui résulteraient de la disposition d'un clavier renversé, la pensée d'un *double* piano à claviers renversés qui offrirait, avec les combinaisons de l'ordre harmonique entrevues par M. Joseph Wieniawski, une foule d'autres combinaisons, leur vint à l'esprit, et M. Mangeot se mit immédiatement à l'œuvre pour la réaliser.

Personne, d'ailleurs, ne fut inventeur à lui seul de quoi que ce soit, et les facteurs du nouveau piano, MM. Edouard et Alfred Mangeot, ont tenu à honneur de faire connaître leurs collaborateurs.

Il n'y a encore qu'un modèle de cet instrument; c'est assez dire qu'il est susceptible de perfectionnements.

Cette conférence a été suivie d'une expérience tout à fait concluante. M. Zarebski, qui ne s'est exercé que deux mois sur ce nouvel instrument, a exécuté trois transcriptions de sa composition, dont l'effet a été saisissant, une grande fantaisie originale, *la Danse des Sylphes*, de Berlioz, et l'ouverture d'*Obéron*. Il semble, en écoutant M. Zarebski, entendre deux pianos.

L'auditoire d'élite qui avait été convié à cette séance par M. Comettant, et dans lequel on remarquait MM. Reber, de l'Institut, Herz, Marmontel, Kontski, etc., a été unanime pour reconnaître l'intérêt de l'invention de MM. Mangeot frères.

L'approbation qu'elle a rencontrée de la part des éminents artistes que nous venons de citer, semble présager le brillant succès qu'elle obtiendra devant le public. »

Voici comment le *Soleil* s'exprime par la plume savante de son critique musical, M. Jules Guillemot :

« Dernièrement, notre confrère, M. Oscar Comettant, réunissait chez lui quelques personnes s'intéressant à l'art musical, pour leur faire connaître un piano de composition nouvelle dont il est un peu l'inventeur (en ces sortes de choses, on n'est jamais inventeur à soi tout seul), et qui a été exécuté par MM. Mangeot frères. Disons quelques mots de cet instrument, qu'on va voir, d'ailleurs, figurer à l'Exposition. C'est un *piano à doubles claviers renversés.* Ces claviers sont superposés : celui du bas est semblable à ceux que nous connaissons, et mesure sept octaves partant de gauche à droite et allant du grave à l'aigu ; le supérieur présente la même disposition en sens inverse, c'est-à-dire que, pour parcourir les mêmes octaves, en montant également, il faut aller de droite à gauche.

L'idée de ce double clavier, qui nécessite un double jeu de cordes et une double boîte, a été inspirée par la remarque que nos mains, ayant été placées par la nature en sens opposés, les faire manœuvrer d'accord sur un même clavier était chose illogique et qui créait, pour l'exécutant, une difficulté inutile. En imaginant deux claviers renversés, on donne aux deux mains, renversées également l'une par rapport à l'autre, le moyen de se mouvoir chacune avec la même aisance. De plus, elles ont moins d'occasion de se rencontrer et de se gêner ; et chacune d'elles dispose de sept octaves, au lieu de n'en avoir que trois et demi. Ce système nouveau, qui effarouchera d'abord un peu les pianistes formés à la méthode commune, semble appelé à faciliter les études des apprentis pianistes de l'avenir et à leur fournir des ressources inconnues jusqu'alors. M. Zarebski, digne élève de Liszt et y joue en artiste de première force, a fourni la preuve à l'appui des explications de M. Comettant et fait voir les curieux résultats du système en exécutant divers morceaux, et en outre l'*Ouverture d'Obéron* qui a produit le plus grand effet. »

Voici en quels termes M. Émile Blavet parle du piano double dans le *Figaro* :

« C'est notre excellent confrère Oscar Comettant qui a pris sous son patronage le piano à *doubles claviers renversés*, et cette recommandation vaut les plus nobles parchemins. Quand le savant auteur de *la Musique et les Musiciens*, l'éminent critique musical du *Siècle*, le compositeur de tant d'œuvres exquises, l'ami fidèle et le conseil éclairé de Gounod, se porte garant d'une invention artistique et y met son estampille, cette garantie et cette estampille doivent faire et font autorité. Il en est en ces matières comme dans le monde, où tant vaut la personne qui présente, tant vaut la personne présentée.

« Parlons donc des pianos à doubles claviers renversés, ou, si l'on aime mieux, à deux claviers en sens contraire placés l'un un peu au-dessus de l'autre et assez rapprochés pour que la même main puisse passer très-promptement de l'un à l'autre et même former des accords en puisant dans les deux claviers à la fois.

« C'est en réalité sept octaves pleines qui se trouvent mises à la disposition de chacune des deux mains de l'exécutant, soit quatorze octaves pour les deux mains, sur deux pianos ordinaires, car chaque clavier tient à un jeu de cordes complet, à une table d'harmonie, à une caisse particulière. Chacun de ces instruments se complétant l'un par l'autre est en outre muni de deux pédales. En somme, deux pianos se touchent reliés l'un à l'autre, dont le clavier de l'un part de gauche à droite pour monter l'échelle des sons, et dont le clavier de l'autre part de gauche à droite aussi, mais pour la descendre.

« Jamais idée plus simple ne produisit un résultat plus complexe.

« Lorsque M. Zarebski est devant ce piano à *doubles claviers renversés*, on croirait en effet — on entend réellement — deux pianos indépendants l'un de l'autre et l'on jurerait deux pianistes s'évertuant à qui mieux mieux. Même des traits croisés, du contre-point, que le rapprochement des deux mains ne permet pas de jouer, de larges accords, de nobles sonorités et, dans certains cas, des dessins en octaves, en tierces et en sixtes, si rapides dans leur décomposition, que deux mains posées sur deux pianos ne pourraient pas les exécuter avec cette précision et cette netteté.

« Et quand on songe que M. Zarebski n'a eu à sa disposition ce piano double que depuis quatre mois à peine, on se demande ce qu'il en tirera quand il aura labouré pendant un an ce terrain nouveau où pousse la double croche plus drue, plus serrée que les lianes dans les forêts vierges du Brésil.

« L'apparition du piano à doubles claviers renversés a causé dans le monde des pianistes et des compositeurs une émotion qui va *crescendo*. Gounod, Reber, Gevaert, Saint-Saëns, Lecouppey, Marmontel, Herz, Alkan, Jaëll, etc., ont entendu ce maître instrument. Chacun a dit son mot sur cette curieuse invention ; mais le dernier appartient à Liszt, qui, après avoir entendu à plusieurs reprises son jeune et brillant élève Zarebski *symphoniser* sur ces doubles claviers, lui a dit en l'embrassant : « Vous ferez le tour du monde avec ce piano! »

Le pianiste compositeur Magnus, écrivain musical du *Télégraphe*, rend un compte détaillé et très-favorable de l'audition à laquelle il a assisté du piano nouveau et de l'ancien qu'il présente. Il lui prédit un avenir brillant, et l'article commence par ces mots qui donnent une idée de ce qui suit :

« Une date mémorable dans l'histoire du piano sera celle du 10 mai 1878, date à laquelle nous étions convié par M. Oscar Comettant et MM. Mangeot frères à une audition du piano à doubles claviers renversés. »

Extrait d'un article de M. Lemagne, dans le journal *Le Soir*.

« Un mot, avant de terminer, sur une curieuse séance musicale, donnée vendredi dernier par M. Comettant et MM. Mangeot frères. Un pianiste de grand talent, M. Zarebski, a exécuté une fantaisie de sa composition, puis la *Danse des Sylphes* et l'ouverture d'*Obéron* sur un piano nouveau modèle, à doubles claviers renversés, c'est-à-dire à deux claviers superposés, dont le second a les notes de basse à droite et les notes de haute à gauche.

L'audition de ces morceaux était précédée d'explications intéressantes présentées par M. Comettant sur les ressources considérables et les principes nouveaux de ce piano qui nous a paru, au premier abord, offrir de précieux avantages au point de vue de l'accompagnement de la partition et de l'exécution de certaines transcriptions d'orchestre. Nos lecteurs auront l'occasion de l'apprécier eux-mêmes à l'Exposition, où il doit figurer prochainement. »

Les journaux spéciaux de musique n'ont pas été les moins empressés à s'occuper du piano à deux claviers renversés. Voici ce que nous avons lu dans la *Gazette musicale* :

« Le piano à double clavier renversé, dont nous avons annoncé sommairement, dimanche dernier, la première audition dans les salons de M. Comettant, ne tend à rien moins qu'à une véritable révolution artistique. Les principes fondamentaux du travail des doigts ne sont cependant pas modifiés : il ne s'agit que de s'habituer à exécuter les traits au rebours sur le second clavier, placé au-dessus et un peu en arrière du premier, comme dans un orgue, et ayant les basses à droite et les dessus à gauche ; il correspond, naturellement, à un second système de cordes indépendant de l'autre, ce qui fait réellement deux pianos dans une même caisse. Cette disposition, qui paraît bien incommode au premier abord, trouve sa raison d'être dans la conformation des mains, où les doigts semblent faits pour suivre une marche divergente, puisque les deux pouces sont au centre. On en conclut sans peine que, pour les traits à l'octave, les deux mains, placées sur le clavier, n'ont qu'à s'imiter exactement en marchant en sens contraire, pour faire entendre les mêmes notes ; de là une première et considérable simplification du doigté. De plus, il devient facile, sans obliger le pianiste à une gymnastique pénible des bras et du corps, de mélanger les octaves ; on peut combler certains vides que le clavier ordinaire force à laisser dans l'exécution, l'une ou l'autre main allant chercher sans peine sur le clavier voisin, presque sans déplacement, ce qui manque pour nourrir l'harmonie ou compléter le trait ; il est aisé, avec une même main, de prendre à la fois des notes graves et des notes aiguës ; on a, enfin, deux fois les sept octaves à sa disposition. Ce sont donc des ressources nouvelles, nombreuses et puissantes, que le compositeur et le virtuose mettront en œuvre, au prix d'une étude qui ne semble pas devoir être trop difficile ni trop longue, puisque M. Zarebski, un virtuose de premier ordre, il est vrai, est parvenu en deux mois à se familiariser assez avec l'instrument pour faire entendre un arrangement de l'ouverture d'Obéron et une grande fantaisie symphonique de sa composition, écrits l'un et l'autre pour le piano à double clavier ; premier essai dont la réussite a été brillante. — L'idée de cette innovation, réalisée par MM. Mangeot frères, facteurs de pianos, leur a été suggérée, ainsi qu'à M. Oscar Comettant, par l'éminent pianiste polonais Joseph Wieniawski. C'est ce que M. Comettant a tenu loyalement à établir dans la petite conférence qu'il a faite au début de la séance d'audition ; il y a cité aussi ce mot de Liszt à M. Zarebski, son élève : « Tout ce que l'on peut faire sur le clavier ordinaire a été fait ; l'avenir appartient à un piano qui, sans sortir du caractère de l'instrument, offrira de nouvelles ressources ».

L'Art musical et le *Ménestrel* se sont associés aux éloges dont le nouveau piano a été l'objet.

Le *Ménestrel*, après l'*Estafette*, a imprimé les lignes suivantes :

« Après le premier grand morceau symphonique, exécuté hier par M. Zarebski sur le piano à claviers renversés, l'auteur de *Faust* s'est écrié : « Ce n'est pas un progrès, c'est une révolution. » Et en effet, c'est toute une révolution dans l'art du pianiste qui est apportée par l'invention de notre confrère Oscar Comettant et de ses amis MM. Mangeot frères, les savants et si habiles facteurs de pianos *franco-américains*; une révolution qui fait du piano, ainsi complété par lui-même au moyen du simple renversement de deux claviers, le plus riche, le plus puissant des instruments et l'image fidèle de tout un orchestre. »

V

Ces citations suffiront amplement pour permettre une juste idée des ressources offertes par le piano à deux claviers renversés et de l'accueil enthousiaste qui a été fait à cet instrument par ceux qui les premiers l'ont entendu. Je compléterai ce qui a été dit avec tant d'autorité par des observations particulières, nées de l'étude pratique de l'instrument, observations que j'appuierai et rendrai plus saisissantes par des exemples de passages notés.

On a pu croire, au premier abord, à des difficultés d'exécution et s'en effrayer ou en faire l'objet d'une critique. Mais ces difficultés ne sont qu'apparentes et je tiens à dire ici que le piano à doubles claviers est plus facile à jouer que le piano actuel, non-seulement pour les artistes qui acquerront en peu de semaines l'habitude du renversement, mais aussi pour les amateurs et surtout pour les élèves qui en commencent l'étude. Les résultats surprenants que l'on obtient et l'intérêt constant des études seront pour les artistes une ample compensation du temps qu'ils auront consacré à ce piano.

Appuyé par l'opinion des grandes autorités musicales et critiques que j'ai eu l'honneur de citer, j'ai la ferme conviction que l'invention géniale de MM. Mangeot frères est appelée à faire une révolution dans l'art du piano.

Il nous reste à démontrer par des exemples la logique et la simplicité de cette invention en donnant un aperçu des ressources que les deux claviers renversés mettent à la disposition des compositeurs et des virtuoses. Facilitons nos démonstrations par un dessin du nouveau piano.

Nous voilà donc en présence de cet instrument; voilà les deux pianos superposés, complétement indépendants l'un de l'autre; voilà les deux tables de résonnance avec leurs cordes, leurs mécaniques et leurs étouffoirs. Les pédales sont la seule communication entre les deux caisses. Elles occupent leur place ordinaire. Il y en a quatre, deux pour chaque piano.

Examinons, à présent, les deux claviers. Le premier, celui du dessous, est le clavier ordinaire, montant de gauche à droite, du *sol* grave au *la* aigu; l'autre est le nouveau clavier renversé, c'est-à-dire que pour y parcourir les sept octaves du *sol* grave au *la* aigu, on monte de droite à gauche.

L'*ut*, — on le sait, — se trouve en montant l'échelle des sons sur le clavier de dessous devant les deux touches noires, et le *fa* devant les trois touches noires. Sur le clavier de dessus, l'*ut* se trouve également devant les deux touches noires, et le *fa* devant les trois touches noires, mais en montant de droite à gauche.

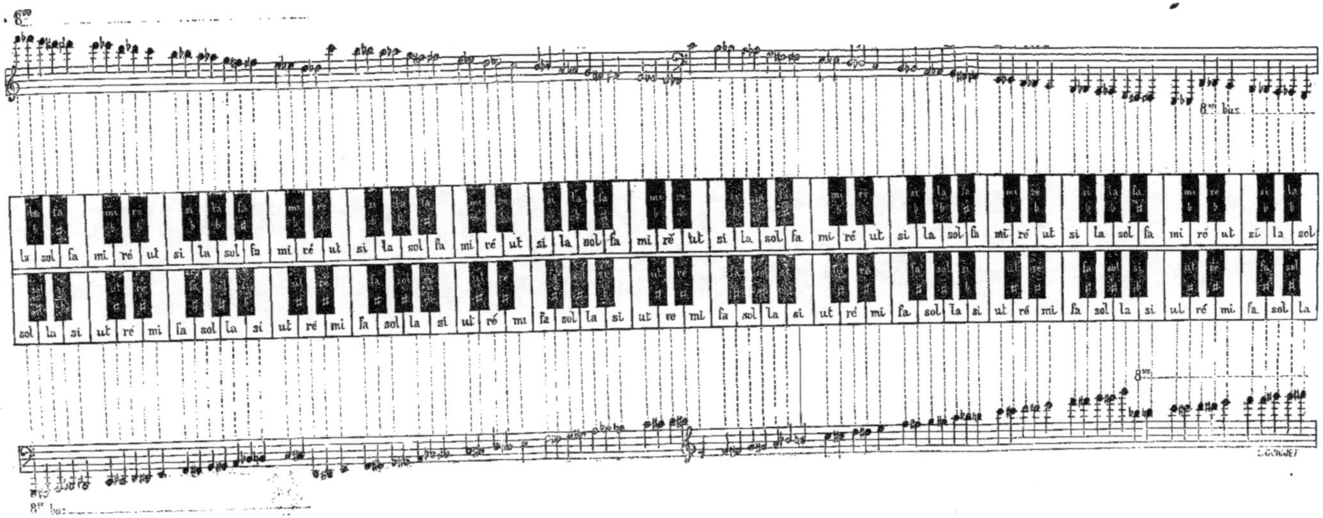

8va

8va bas

la sol fa mi ré ut si la sol fa mi ré ut si la sol fa mi ré ut si la sol fa mi ré ut si la sol fa mi ré ut si la sol fa mi ré ut si la sol fa mi ré ut si la sol

sol la si ut ré mi fa sol la si ut ré mi fa sol la si ut ré mi fa sol la si ut ré mi fa sol la si ut ré mi fa sol la si ut ré mi fa sol la si ut ré mi fa sol la

8va

8va bas

Si nous plaçons le pouce de la main droite sur l'*ut* du clavier inférieur et le pouce de la main gauche sur l'*ut* du clavier supérieur et que nous continuions la gamme à l'unisson ou à l'octave (ce qui pour l'œil formera un mouvement contraire), nous verrons que chaque touche a gardé sa place, avec cette seule différence que les positions sont opposées. On le voit, en ajoutant un clavier en sens inverse, les deux mains peuvent exécuter les mêmes passages, et on a ainsi un instrument complet mis à la portée de chacune des mains.

Jusqu'à présent les mains étaient condamnées à se mouvoir sur un demi-piano, la main droite dans les octaves supérieures, et la main gauche dans les basses.

Si l'une d'elles se hasardait trop loin sur le domaine de sa voisine, cela ne se faisait qu'au détriment de la tenue du corps qui perdait de son équilibre, pendant que le jeu perdait de sa sûreté.

Sur le piano à double clavier renversé chaque main passe *facilement* du grave à l'aigu *et vice versâ* c'est-à-dire d'un clavier à l'autre (N°s 1, 2, 3).

M.G.
C.R.
M.D
Nº2.
8
C.O.
M.G.
C.R.
M.D.
Nº3.
8
C.O.

Les sauts les plus éloignés qui peuvent à la rigueur s'exécuter sur le piano actuel, mais dans un mouvement lent, deviennent faciles et peuvent être très-rapides, parce que les octaves supérieures d'un clavier se trouvent vis-à-vis des bases de l'autre (Nos 4, 5, 6, 7, 8).

M.G.
C.R.
M.D.
N°5.

M.G.
C.R.
M.D.
Nº 6.
8
Allegro.
M G.
C.R.
M.D.
Nº 7.
G.O.
M.G
C R
M. D.
Nº 8.
C.O.

Dans l'exemple nº 5, la main gauche à elle seule fait des sauts qu'on ne pourrait exécuter qu'avec deux mains, sur le piano simple, de sorte qu'on obtient l'effet de quatre mains sur deux pianos.

Les combinaisons qui dans le même registre sont impossibles sur le piano simple, telles que dessins croisés, accords, etc., parce que les mains entreraient l'une dans l'autre, étant d'une exécution très-simple sur les deux claviers, se présentent tout naturellement à l'imagination du pianiste-compositeur.

C'est un véritable embarras de richesses (Nº 9, 10, 11, 12, 13).

bis.
bis.
M.G.
C.R.
M.D.
Nº10.
M.G.
C.R.
M.D.
Nº11.

M.G.
C.R.
M.D.
N° 12.

8

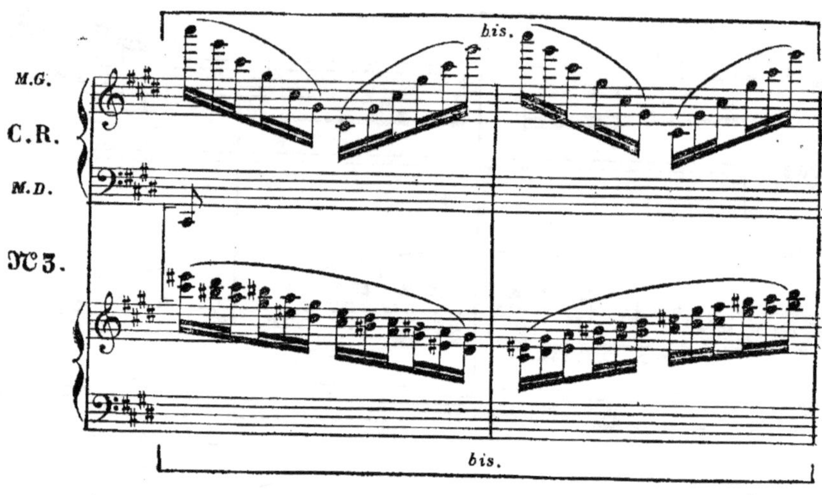

Parmi les avantages les plus importants du piano complet, c'est-à-dire du piano à deux claviers renversés nous signalerons l'affranchissement de la main gauche qui sort enfin de sa position subordonnée, et peut exécuter avec facilité les traits les plus difficiles de la main droite (N° 14. 15, 16).

M.G.
C.R.
M.D.
N° 14.
8

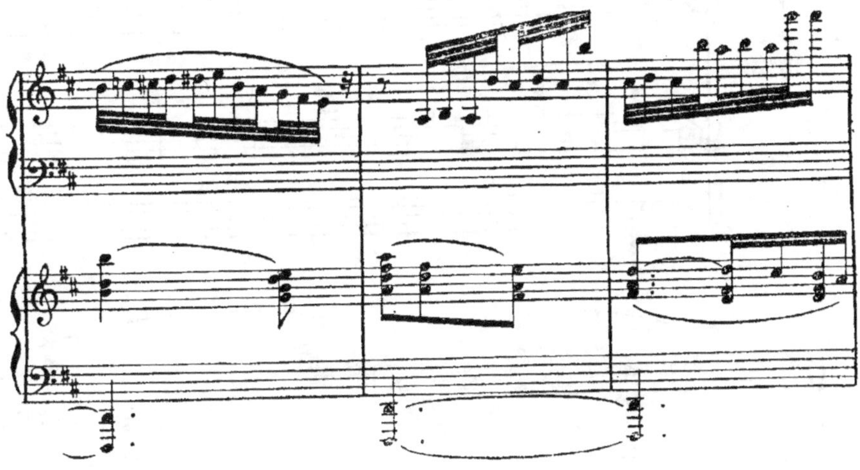

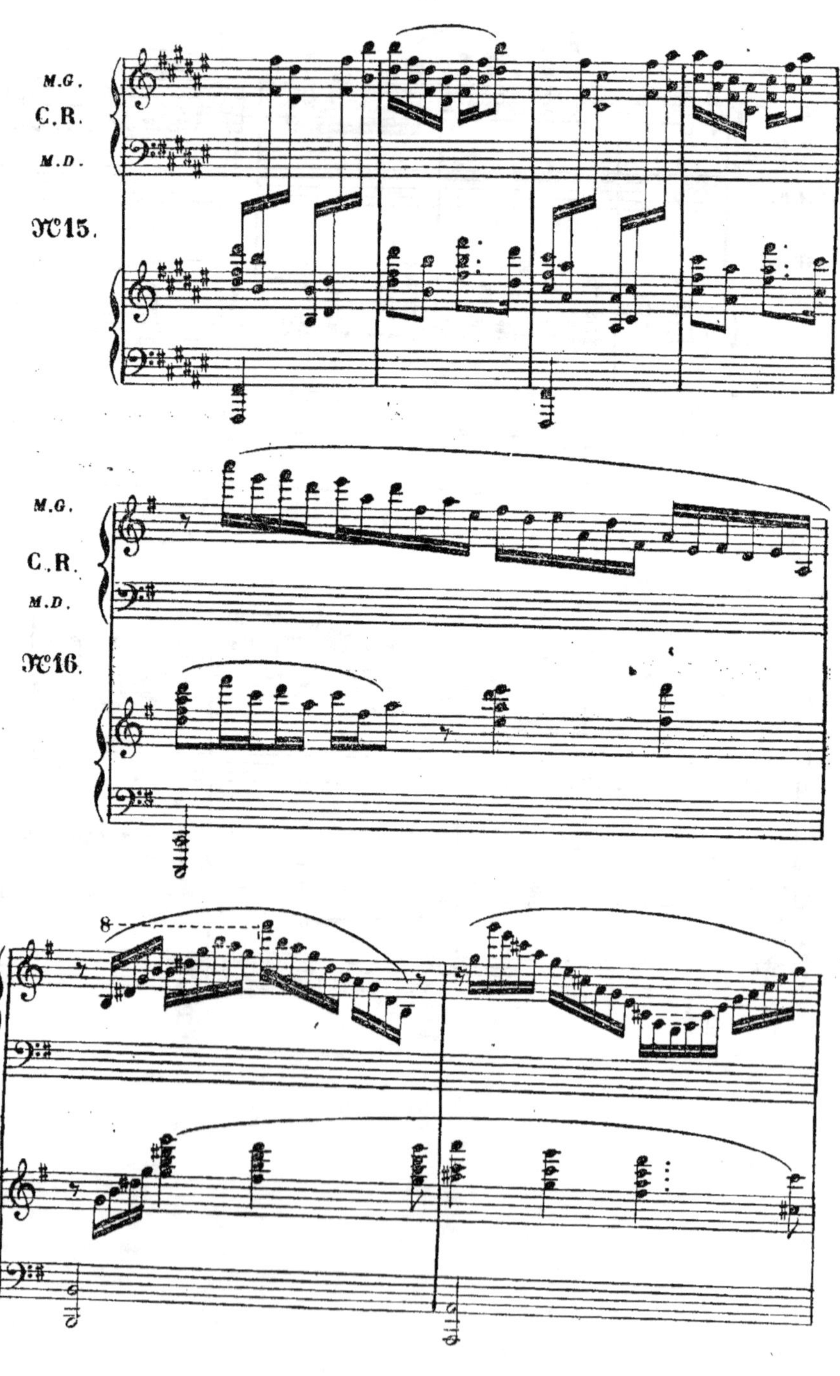
M.G.
C.R.
M.D.
№15.
M.G.
C.R.
M.D.
№16.
8

De même que la main droite ayant les basses à sa disposition, peut y faire valoir toutes ses qualités et sa force (N° 17).

La même règle s'applique aux deux mains dans les mêmes passages, ce qui simplifie énormément le mécanisme.

Prenons n'importe quel trait de la main droite sur le clavier du dessous :

Si nous voulons le jouer de la main gauche sur notre clavier ordinaire, nous sommes obligés de changer le doigté de la manière suivante :

Mais si nous le jouons sur le clavier renversé, toujours de la main gauche, nous gardons le doigté de la main droite, parce qu'alors ce trait correspond à celui-ci sur le clavier ordinaire ;

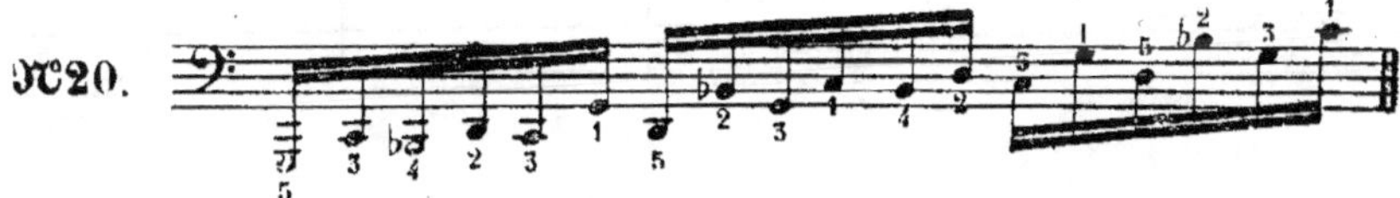

Non-seulement nous gardons ce même doigté, mais en étudiant un passage quelconque, nous en étudions en réalité *deux à la fois*. Le passage n° 18, transporté sur le clavier renversé, donne le trait n° 16. N'est-ce pas un avantage considérable, que de donner à chaque main le moyen de se mouvoir avec la même facilité, tout en gardant le même doigté, dans les octaves supérieures comme dans les basses? Combien de travail épargné, de temps gagné et de nouvelles ressources mises en œuvre!

Puisqu'on a deux pianos complètement indépendants à sa disposition, servis chacun par les deux pédales, il est évident qu'on obtient une double sonorité avec une pureté d'harmonie parfaite, pureté qui laisse si souvent à désirer sur notre piano ordinaire.

En voici quelques preuves (N° 21, 22, 23, 24, 25, 26).

M.G.
C.R.
M.D.
N°22
Ped
Ped
Ped
Ped
M.G
C.R.
M.D.
N°23.
Ped

M.G.
C.R.
M.D.
Ped
N° 24.

M.G.
C.R.
M.D.
Ped
Ped
N° 25.

M.G.
C.R.
M.D.
Ped
N° 26.

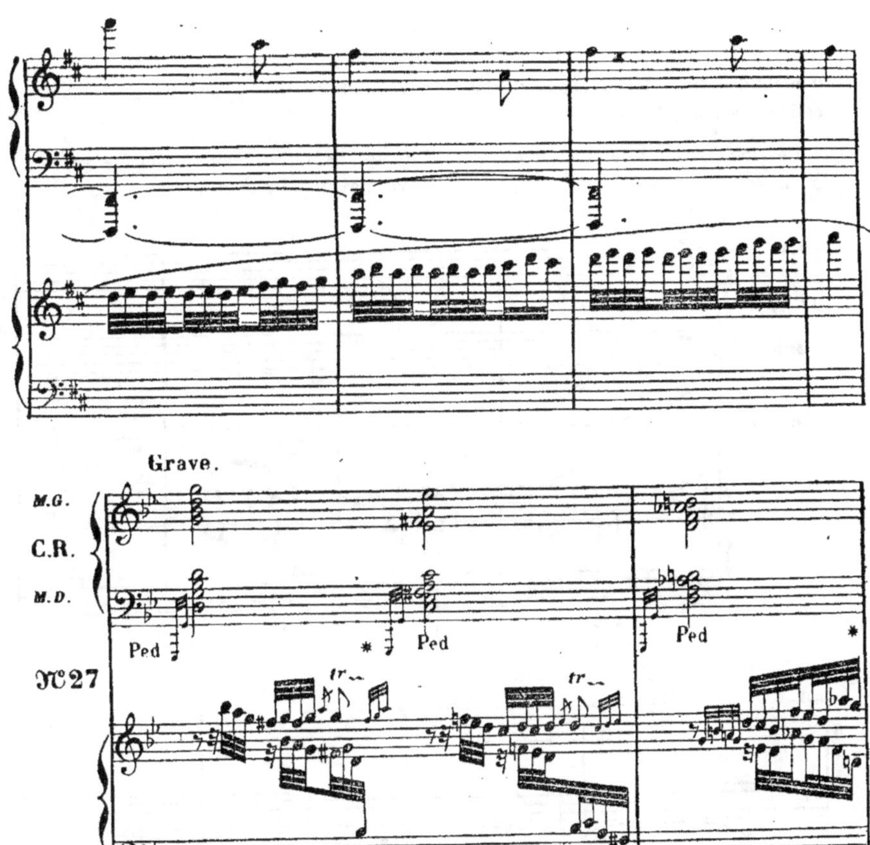

Tandis qu'on prolonge l'accord plaqué ou en arpéges au moyen de la pédale sur un des claviers, on se sert de l'autre pour exécuter les traits. Plus de confusion ; sur le fond d'une harmonie pure et sonore se dessinent avec une clarté et une netteté parfaites les passages les plus variés.

C'est en jouant les œuvres de Bach et notamment les compositions pour l'orgue, arrangées pour le piano par Liszt, Tausig et Saint-Saëns, qu'on pourra profiter admirablement de ces deux claviers.

Les effets de tenues sur les octaves supérieures, dans le medium ou dans les basses (point d'orgue), nous transportent en plein orchestre, où à travers le mouvement des violons, des clarinettes, etc., on entend les sons prolongés des violoncelles, des cors, des trompettes, etc.

Le fameux *ré* qui dans *la Danse des Sylphes* de Berlioz, fait le charme principal de cette œuvre si poétique, nous servira d'exemple (N° 28).

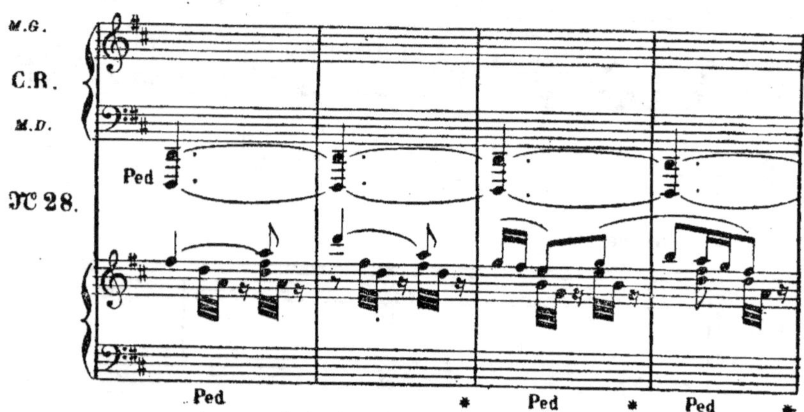

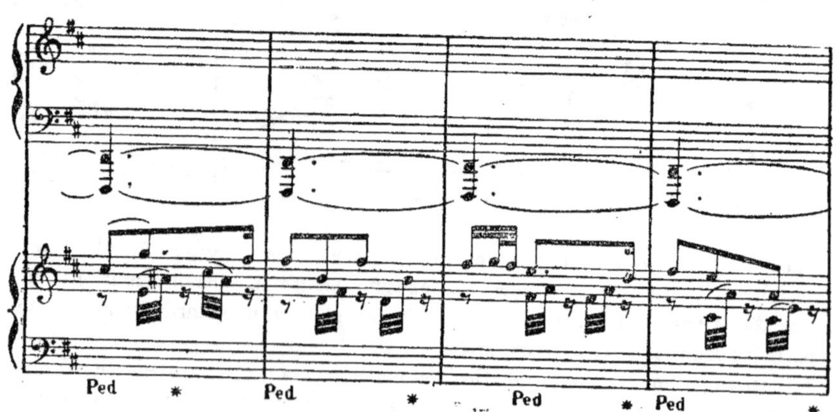

Ainsi que la Rapsodie hongroise de Liszt (N° 29, 30).

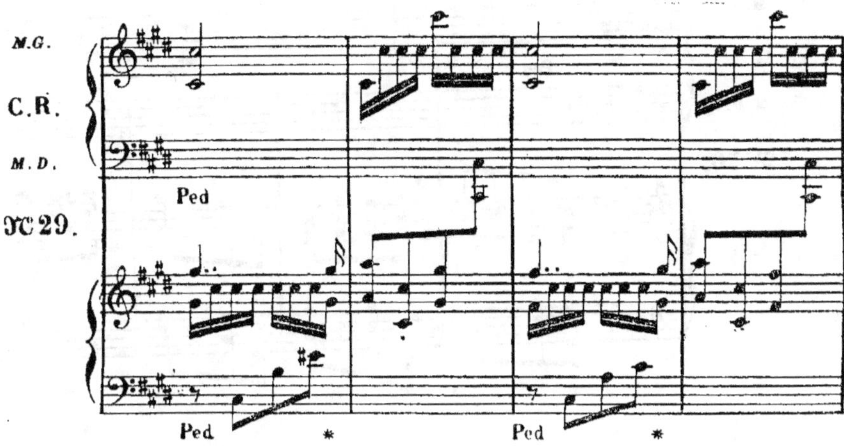

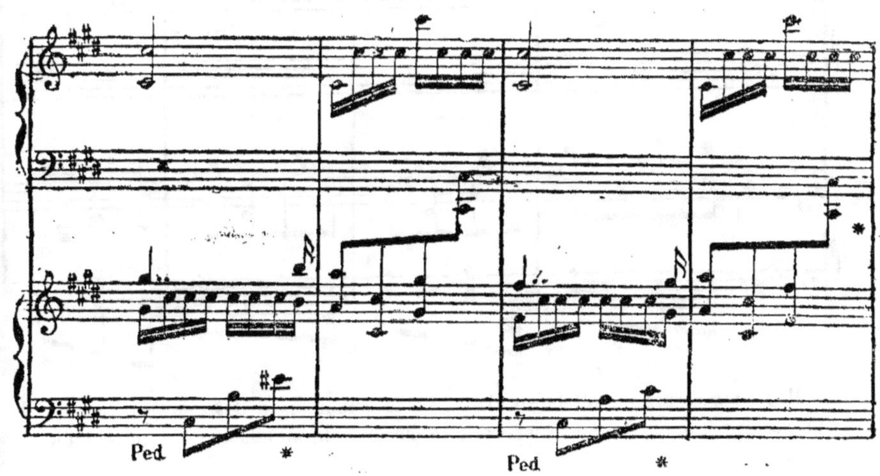

Il y a aussi certains effets spéciaux, où la combinaison des deux claviers rend un service éminent sous le rapport de la clarté, de la netteté et de la pureté d'harmonie.

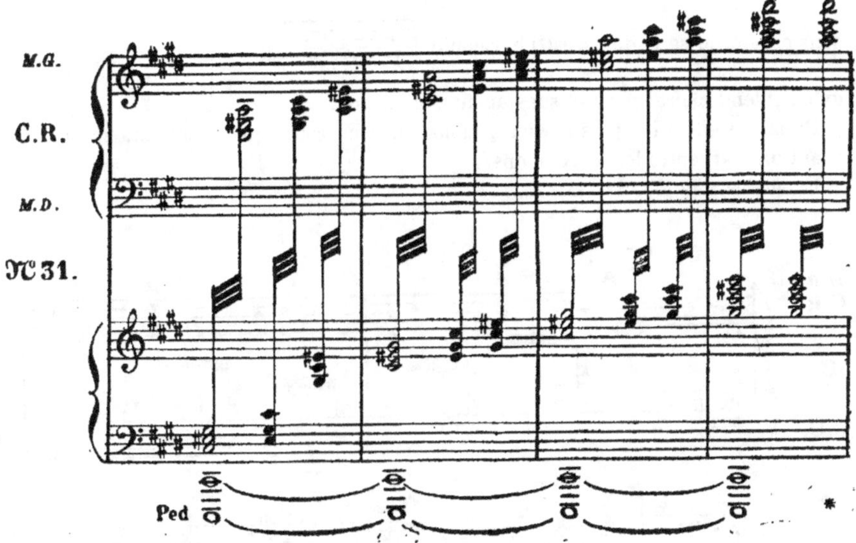

Ce passage (Nº 31) n'est exécutable sur le piano actuel, que transcrit de cette

façon : 

Ce qui en diminue l'effet, d'autant plus, qu'en tenant forcément la pédale, les deux harmonies

et 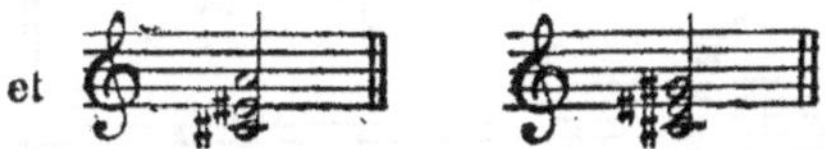

se confondent avec discordance. Grâce aux deux claviers, nous rendons non-seulement l'exécution plus facile, mais l'effet plus beau et plus pur. Sur le clavier

de dessous, nous jouons l'accord principal 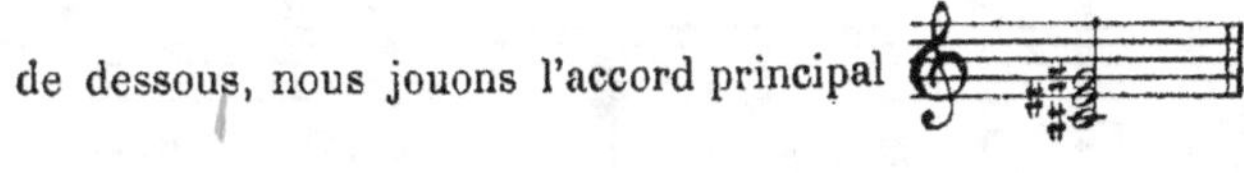

avec la pédale, et sur le clavier renversé l'accord 

sans pédale, de sorte que c'est l'harmonie 

qu'on entend claire, pure et sans aucune altération.

Parmi les effets les plus curieux, nous citerons ceux qu'on obtient, en partageant un trait entre les deux mains.

Exemples : 32, 33, 34, 35, 36.

M.G.
C.R.
N° 32.
C.O.

M.G.
C.R.
N° 33.
C.O.

M.G.
C.R.
N° 34.
C.O.

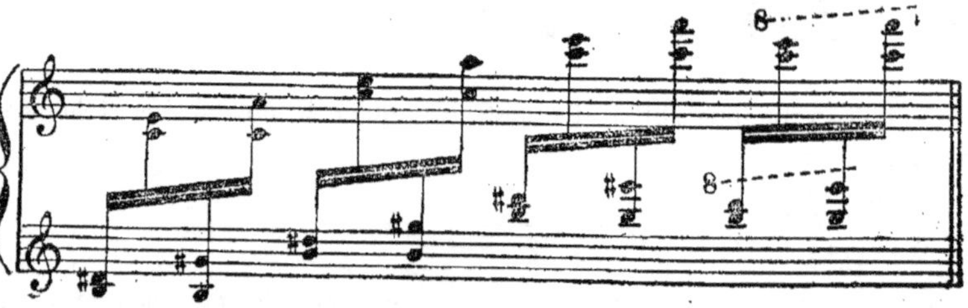

M.G.
C.R.
N° 35.
C.O.

Tous ces traits en sixtes sont, à la vérité, jouables sur un seul clavier, et d'une seule main ; mais dans un mouvement très-modifié, et toujours avec une grande difficulté, surtout dans les passages du genre de ceux-ci

et encore :

Avec les deux claviers nous pouvons accélérer le mouvement *ad libitum*, sans que la netteté et la précision en souffrent d'aucune façon. On peut jouer *staccato* ou *legato*, avec toutes les nuances possibles.

Cette division du travail peut s'appliquer à tous les passages, soit en octaves, soit en accords, soit en notes simples.

Les gammes chromatiques en octaves, qu'on fait sur le piano actuel de cette façon peu agréable à l'oreille

se jouent ainsi sur les doubles claviers (N° 37).

Les exemples suivants (du 37 jusqu'au 47) montrent suffisamment la variété de ces combinaisons.

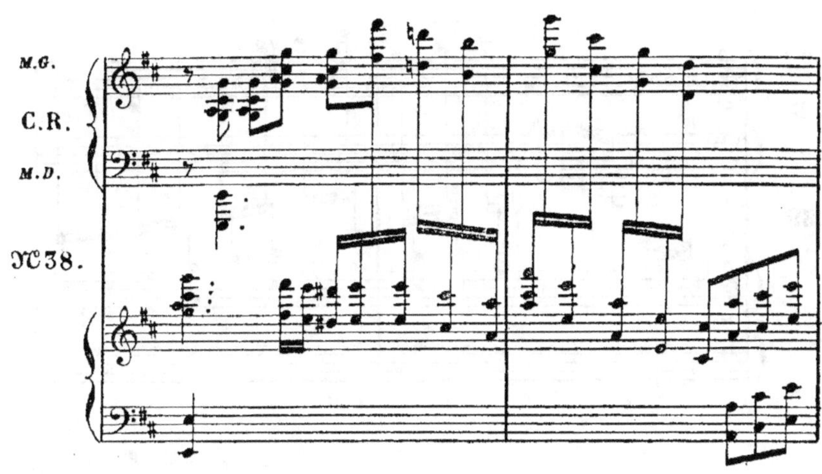
M.G.
C.R.
M.D.
№38.

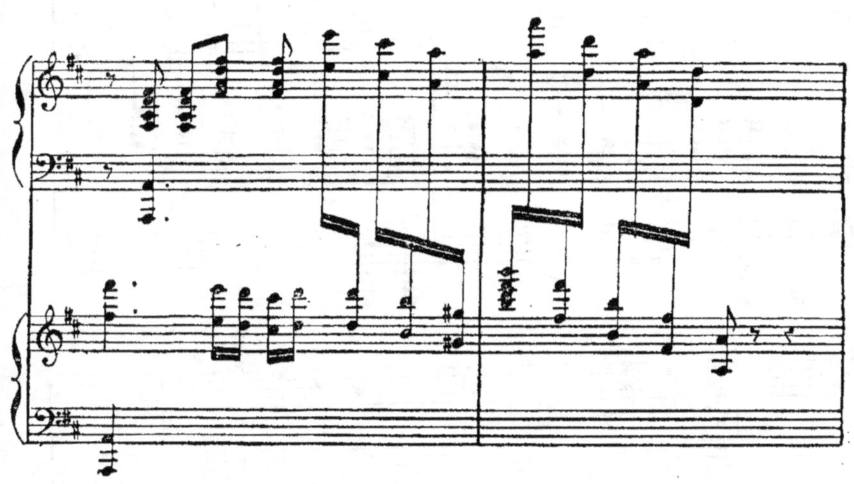

M.G.
C.R.
M.D.
Nº39.
8
8
8
8

Allegro molto.
M.G.
C.R.
M.D.
Nº 40.
M.G.
C.R.
Nº 41
Ped
Ped

M. G.
C. R.
M. D.
Ped
N°42.
8
M. G.
C. R.
M. D.
N°43.
M. G.
C. R.
M. D.
N°44.

Allegro.
M. D.
C. R.
№ 45.
C. O.
M. G.
C. R.
№ 46.
C. O.
8
M. G.
C. R.
№ 47.
C. O.
8

Comme je l'ai dit au commencement, les deux claviers sont assez rapprochés, pour qu'une seule main puisse les toucher simultanément. Les octaves supérieures se trouvant vis-à-vis des basses, on peut jouer certains accords d'une seule main, et exécuter des passages qui demanderaient les deux mains sur le piano simple.

Exemples: (48, 49, 50, 51).

On se sent tellement entraîné par la variété et l'immensité des ressources du nouveau piano, qu'on serait tenté d'en donner des exemples à l'infini. Ayant voulu indiquer seulement quelques-uns des avantages les plus saillants de cet instrument, je m'arrête ici. Avec de la bonne volonté et de l'intelligence, chacun trouvera de nouveaux effets et de nouvelles combinaisons : d'autant plus facilement que la route à suivre est aujourd'hui indiquée.

Si l'on observe attentivement, on se convaincra que la plupart des exemples que nous avons fournis sont d'une exécution absolument impossible sur un clavier, et que les autres sont de la plus grande difficulté.

Un mot encore pour répondre à l'objection qui nous a été faite, à savoir qu'il n'y a pas de musique écrite pour cet instrument. Une méthode pour apprendre à jouer le piano à doubles claviers renversés est en préparation et paraîtra bientôt. En attendant cette méthode, les élèves pourront se servir pour le double clavier des exercices, des gammes, etc., écrits pour le clavier simple. Des morceaux seront écrits pour le piano à doubles claviers et les classiques seront transcrits pour le même instrument.

Si le piano à doubles claviers renversés n'est pas indispensable pour jouer les œuvres expressément composées pour le clavecin et le piano à un seul clavier, quoi qu'il en facilite l'exécution, il n'est pas douteux que les ressources considérables qu'il offre au génie ne soient mises à profit un jour. Les Mozart, les Beethoven, les Mendelssohn, les Schumann et les Liszt de l'avenir, trouveront dans la disposition des deux claviers renversés des ressources analogues à celles que le perfectionnement des instruments de l'orchestre ont offert aux symphonistes dans ces derniers temps. Nous aurons alors des concertos pour le piano à deux claviers, d'une richesse, d'une magnificence, d'une ampleur de sonorité, que les grands compositeurs que nous venons de nommer ont peut-être rêvé, mais que les imperfections du piano à un seul clavier ne leur ont pas permis de réaliser.

J. Zarebski.

NOTICE SUR LA MAISON MANGEOT FRÈRES ET CIE

La Manufacture de pianos qui fait l'objet de la présente notice a été fondée à Nancy par Pierre Mangeot en 1830.

Roller, habile mathématicien, venait d'inventer le piano droit, dont l'apparition fut un événement dans le monde musical et qui devait se substituer si rapidement au piano carré.

Frappé des avantages multiples du piano droit, M. Pierre Mangeot conçut et réalisa la pensée de fonder dans la capitale de la Lorraine une fabrique de pianos droits.

Il est, croyons-nous, le premier qui, en province, ait manufacturé ces instruments.

Les pianos de la fabrique de Pierre Mangeot furent très-remarqués et ils obtinrent les premières médailles aux expositions locales. En 1843 on lui décernait la médaille d'or.

L'excellente fabrication de ses pianos droits acquit une réputation qui s'étendit à toute la France ; les ateliers s'agrandirent, et quand MM. Mangeot frères succédèrent à leur père en 1859, la fabrication avait pris des développements artistiques et industriels qui la placèrent au rang des plus importantes maisons, non-seulement de la province, mais de la France.

En 1862, à la *grande Exposition universelle de Londres*, les pianos de la maison Mangeot furent remarqués des artistes et du Jury qui leur décerna la *Prize Medal*.

Déjà à ce moment les usines de MM. Mangeot frères et Cie étaient pourvues de machines à vapeur et les instruments y étaient fabriqués de toutes pièces, grâce à un outillage des plus complets et à un nombre d'ouvriers qui n'avait cessé de s'accroître.

C'est dans ces conditions de prospérité constante que MM. Mangeot frères et Cie se présentèrent à l'Exposition universelle de 1867, avec des pianos droits et un piano à queue; ils obtinrent la médaille d'argent. Mais la fabrication des pianos à queue n'avait été qu'accidentelle dans les usines de Nancy. MM. Mangeot voulurent lui imprimer une marche régulière en fabriquant d'une manière suivie des pianos à queue vraiment artistiques. A cet effet ils étudièrent avec soin les inventions modernes de la grande facture européenne et américaine. Les qualités si remarquables qui constituent le système des pianos américains fabriqués par MM. Steinway de New-York, attirèrent leur attention. Ils se mirent en rapport avec ces Messieurs. M. Édouard Mangeot voulut étudier sur place les procédés de cette grande fabrication et il partit pour New-York.

A son retour, l'outillage des ateliers de Nancy fut transformé et approprié à la fabrication des pianos à queue qui, depuis cette époque, a suivi une marche ascendante régulière. Avec l'esprit d'éclectisme que possèdent tous ceux que n'aveuglent pas un système préconçu, MM. Mangeot frères ont étudié successivement tous les progrès de la facture moderne, et leurs pianos *Franco-Américains* sont classés aujourd'hui en première ligne à côté des pianos français des grandes fabriques nationales.

Les pianos *Franco-Américains* de la maison Mangeot frères et Cie ont reçu la sanction de nos plus illustres virtuoses. Ces beaux instruments, d'une sonorité si individuelle, à la fois si brillants et si chantants, ont été joués en public par les sommités du piano, parmi lesquelles nous nous bornerons à citer un seul nom, celui de *Francis Planté*.

Outre les pianos à queue et les pianos droits, la manufacture de MM. Mangeot frères et Cie s'est enrichie d'une invention nouvelle, admirable et admirée de tous et que nous ne citerons ici que pour mémoire, le piano à *doubles claviers renversés*.

La maison de Paris de MM. Mangeot frères et Cie est placée sous la direction artistique de M. Oscar Comettant, dont le nom si connu et si apprécié dans le monde musical et dans le monde des lettres, nous dispense de tout éloge et de tout commentaire. Une telle association honore à la fois cet artiste et les habiles facteurs qui se sont assuré son concours.

Paris. — Imp. Paul Dupont, 41, rue Jean-Jacques-Rousseau. — 2587.7.78.

www.ingramcontent.com/pod-product-compliance
Lightning Source LLC
LaVergne TN
LVHW011954160826
845678LV00002B/528